Portuguese Short Stories for Beginners Book 5

Over 100 Dialogues and Daily Used Phrases to Learn Portuguese in Your Car. Have Fun & Grow Your Vocabulary, with Crazy Effective Language Learning Lessons

www.LearnLikeNatives.com

www.LearnLikeNatives.com

© Copyright 2020
By Learn Like A Native

ALL RIGHTS RESERVED

No part of this book may be reproduced, stored in a retrieval system, or transmitted in any form or by any means, without the prior written permission of the publisher.

www.LearnLikeNatives.com

TABLE OF CONTENT

INTRODUCTION	5
CHAPTER 1 New Roommates	
/ Common everyday objects + possession	17
Translation of the Story	36
New Roommates	36
CHAPTER 2 A Day in the Life	
/ transition words	47
Translation of the Story	47
A Day in the Life	65
CHAPTER 3 The Camino Inspiration	
/ Numbers + Family	75
Translation of the Story	90
The Camino Inspiration	90
CONCLUSION	99
About the Author	105

www.LearnLikeNatives.com

www.LearnLikeNatives.com

INTRODUCTION

Before we dive into some Brazilian Portuguese, I want to congratulate you, whether you're just beginning, continuing, or resuming your language learning journey. Here at Learn Like a Native, we understand the determination it takes to pick up a new language and after reading this book, you'll be another step closer to achieving your language goals.

As a thank you for learning with us, we are giving you free access to our 'Speak Like a Native' eBook. It's packed full of practical advice and insider tips on how to make language learning quick, easy, and most importantly, enjoyable. Head over to LearnLikeNatives.com to access your free guide and peruse our huge selection of language learning resources.

www.LearnLikeNatives.com

Learning a new language is a bit like cooking—you need several different ingredients and the right technique, but the end result is sure to be delicious. We created this book of short stories for learning Brazilian Portuguese because language is alive. Language is about the senses—hearing, tasting the words on your tongue, and touching another culture up close. Learning a language in a classroom is a fine place to start, but it's not a complete introduction to a language.

In this book, you'll find a language come to life. These short stories are miniature immersions into the Brazilian Portuguese language, at a level that is perfect for beginners. This book is not a lecture on grammar. It's not an endless vocabulary list. This book is the closest you can come to a language immersion without leaving the country. In the stories within, you will see people speaking to each other, going through daily life situations, and using the most common, helpful words and phrases in language. You are holding the key to bringing your Brazilian Portuguese studies to life.

Made for Beginners

We made this book with beginners in mind. You'll find that the language is simple, but not boring. Most of the book is in the present tense, so you will be able to focus on dialogues, root verbs, and understand and find patterns in subject-verb agreement.

This is not "just" a translated book. While reading novels and short stories translated into Brazilian Portuguese is a wonderful thing, beginners (and even novices) often run into difficulty. Literary licenses and complex sentence structure can make reading in your second language truly difficult—

not to mention BORING. That's why Brazilian Portuguese Short Stories for Beginners is the perfect book to pick up. The stories are simple, but not infantile. They were not written for children, but the language is simple so that beginners can pick it up.

The Benefits of Learning a Second Language

If you have picked up this book, it's likely that you are already aware of the many benefits of learning a second language. Besides just being fun, knowing more than one language opens up a whole new world to you. You will be able to communicate with a much larger chunk of the world. Opportunities in the workforce will open up, and maybe even your day-to-day work will be improved. Improved communication can also help you expand your business. And from a neurological perspective, learning a second language is like taking your daily vitamins and eating well, for your brain!

How To Use The Book

The chapters of this book all follow the same structure:

- A short story with several dialogs
- A summary in Brazilian Portuguese
- A list of important words and phrases and their English translation
- Questions to test your understanding
- Answers to check if you were right
- The English translation of the story to clear every doubt

www.LearnLikeNatives.com

You may use this book however is comfortable for you, but we have a few recommendations for getting the most out of the experience. Try these tips and if they work for you, you can use them on every chapter throughout the book.

1) Start by reading the story all the way through. Don't stop or get hung up on any particular words or phrases. See how much of the plot you can understand in this way. We think you'll get a lot more of it than you may expect, but it is completely normal not to understand everything in the story. You are learning a new language, and that takes time.

2) Read the summary in Brazilian Portuguese. See if it matches what you have understood of the plot.

3) Read the story through again, slower this time. See if you can pick up the meaning of any words or phrases you don't understand by using context clues and the information from the summary.

4) Test yourself! Try to answer the five comprehension questions that come at the end of each story. Write your answers down, and then check them against the answer key. How did you do? If you didn't get them all, no worries!

5) Look over the vocabulary list that accompanies the chapter. Are any of these the words you did not understand? Did you already know the meaning of some of them from your reading?

6) Now go through the story once more. Pay attention this time to the words and phrases you haven't understand. If you'd like, take the time to look them up to

expand your meaning of the story. Every time you read over the story, you'll understand more and more.

7) Move on to the next chapter when you are ready.

Read and Listen

The audio version is the best way to experience this book, as you will hear a native Brazilian Portuguese speaker tell you each story. You will become accustomed to their accent as you listen along, a huge plus for when you want to apply your new language skills in the real world.

If this has ignited your language learning passion and you are keen to find out what other resources are available, go to LearnLikeNatives.com,

www.LearnLikeNatives.com

where you can access our vast range of free learning materials. Don't know where to begin? An excellent place to start is our 'Speak Like a Native' free eBook, full of practical advice and insider tips on how to make language learning quick, easy, and most importantly, enjoyable.

And remember, small steps add up to great advancements! No moment is better to begin learning than the present.

www.LearnLikeNatives.com

FREE BOOK!

Get the *FREE BOOK* that reveals the secrets path to learn any language fast, and without leaving your country.

Discover:

- The **language 5 golden rules** to master languages at will

- Proven **mind training techniques** to revolutionize your learning

- A complete step-by-step guide to **conquering any language**

www.LearnLikeNatives.com

www.LearnLikeNatives.com

CHAPTER 1
New Roommates / Common everyday objects + possession

HISTÓRIA

Hoje é dia de mudança na universidade. Alunos do primeiro ano movem **suas** coisas para o dormitório.

Anna chega à universidade com seus pais. O carro **dela** está carregado de **caixas**. Anna traz tudo que ela precisa para um ano de escola. Eles estacionam em frente ao dormitório de Anna. O prédio é um prédio grande de tijolos. Parece sem graça. Anna tenta pensar positivo. Este ano vai ser ótimo, ela diz a si mesma.

Sua família começa a descarregar o carro. Anna está muito preparada. Eles tiram caixas cheias de suas coisas do carro. Seu irmão a ajuda a levar as caixas até o quarto. O quarto é pequeno. Há duas camas. Anna terá uma colega de quarto.

A primeira caixa que Anna abre tem material escolar. Ela coloca seus blocos de **notas, lápis** e **canetas** na sua mesa. O quarto não tem decoração, exceto por uma **televisão** na parede. Anna organiza suas coisas no quarto. Ela pega seu calendário para colocar na parede.

— Isto não é **meu**! — diz ela. É um calendário com mulheres bonitas.

— É dele — diz Anna, apontando para o seu irmão.

— Ah, desculpe — diz seu irmão. Anna joga o calendário na **lata de lixo**. A família ri.

Alguém bate na porta. Eles abrem a porta. Uma menina loira está do lado de fora. Ela está com uma mulher mais velha, sua mãe.

— Olá, sou a Beatriz — diz a menina.

— Sou a Anna — diz a Anna. — Acho que somos colegas de quarto!

— De onde você é? — pergunta Beatriz.

— De perto, apenas uma hora ao norte — diz Anna.

— Eu também! — diz Beatriz.

As meninas apertam as mãos e sorriem. Beatriz traz suas próprias caixas. As famílias ajudam suas filhas a desempacotar.

Os primeiros dias de escola são ótimos. Anna faz novos amigos. Ela e Beatriz se dão muito bem. Anna vai para suas novas aulas. Tudo é perfeito. No entanto, uma coisa está errada. Alguns dos pertences de Anna começam a desaparecer. Primeiro, ela não consegue encontrar sua **escova**. Depois, no dia seguinte, ela olha no **espelho**. Ela vê seu **hidratante**, mas seu **perfume** está faltando. Quando ela chega da aula naquela noite, ela coloca música para tocar. Não há som. Sua **caixa de som** sumiu!

Ela pergunta à Beatriz. — Beatriz — diz ela. — Você está dando falta de alguma coisa?

— Sim! — diz Beatriz. — O meu **laptop**. Estou surtando.

— Ah, não! — diz Anna. — Também estou dando falta de algumas coisas.

Agora, Anna está dando falta de três coisas. Ela liga para sua mãe em seu **telefone celular**.

— Oi, mãe — diz a Anna.

— Oi, querida — diz a mãe. — Como vai a escola?

— Tudo bem — diz Anna. — Mas meus pertences continuam desaparecendo.

— O que você quer dizer? — pergunta sua mãe. Anna conta a ela sobre o perfume desaparecido, a caixa de som desaparecida e a escova desaparecida.

— Isso é tão estranho — diz sua mãe. — Você os levou a algum lugar?

— Não, mãe — diz Anna. — Eu nunca saí do quarto. O resto do **aparelho de som** está aqui. Meu **mp3 player** também.

— Você tranca sua porta? — pergunta sua mãe.

— Sim, mãe! — diz Anna. — E é apenas o perfume que sumiu. Eu ainda tenho toda a minha **maquiagem**, **batom**, tudo!

— Você acha que pode ser a Beatriz? — pergunta sua mãe.

— De jeito nenhum, ela está também está dando falta de algumas coisas — diz Anna.

— OK, vá procurar nos achados e perdidos — diz a mãe da Anna.

— Ok! Tenho que ir — diz Anna.

Anna desliga o telefone. A ideia de sua mãe é boa. Ela desce as escadas até o escritório do dormitório. Ela pede para ver a caixa de achados e perdidos. A caixa está cheia. Ela procura na caixa. Ela encontra **cadernos**, uma **câmera de vídeo** e até mesmo um **pente**. Mas não vê suas coisas. Ela olha mais. Ela vê um **laptop**.

— Isso é **seu**? — ela pergunta, pensando em Beatriz. Ela o tira da caixa. É o da Beatriz. Ela leva o **computador** para dar a Beatriz. Pelo menos ela encontra algo.

Ela sobe as escadas. Ela dá o computador a Beatriz.

— Uau, Anna, é o **meu** computador! — diz Beatriz. — Muito obrigada.

— De nada — diz Anna. — Ainda bem que encontrei **seu** computador.

— É mesmo — diz Beatriz. — Você encontrou alguma das suas coisas?

— Não — diz a Anna.

— Droga — diz Beatriz. As meninas vão dormir.

No dia seguinte, Beatriz tem aula. Anna fica no dormitório. Ela trabalha em um projeto, usando uma **tesoura** para cortar fotos para colar em uma **pasta**. Ela pensa em seus itens perdidos. Talvez ela devesse olhar no dormitório. Ela olha em todos os lugares. Então ela se vira para o armário de Beatriz. Ela o abre. Ela olha dentro dele.

— Isto é meu! — diz Anna. Ela pega sua escova. Ela está chocada. Por que sua escova está no armário de Beatriz? Ela olha mais de perto. Sob uma pilha de **roupas**, ela sente algo duro. Ela o puxa para fora. É o seu frasco de perfume! Quando olha mais de perto, ela também encontra sua caixa de som.

— Era a Beatriz o tempo todo — diz Anna. O **telefone** do quarto toca. Anna atende. É a mãe da Beatriz.

— Olá, Anna — diz a mãe da Beatriz. — Como você está?

— Bem — diz Anna. — A Beatriz não está aqui.

— Pode dizer a ela que eu liguei? — pergunta a mãe da Beatriz.

— Sim, mas, posso falar com você sobre uma coisa? — pergunta Anna.

— Claro — diz a mãe da Beatriz.

— Algumas das minhas coisas desapareceram — diz Anna. — E acabei de encontrar muitas delas no armário da **sua** filha.

— Ah, não — diz a mãe da Beatriz. — Preciso te contar uma coisa.

— O quê? — diz Anna.

— Beatriz é cleptomaníaca — diz a mãe dela. — Ela pega as coisas e as devolve exatamente sete dias depois. Ela vai devolver esses itens para você até amanhã.

— O que eu faço? — pergunta Anna.

— Espere que ela os devolva — diz a mãe da Beatriz.

— Ok — diz Anna.

— Obrigada pela compreensão — diz a mãe da Beatriz.

RESUMO

Anna e Beatriz são colegas de quarto. É o primeiro ano delas na universidade. Eles se conhecem no dia da mudança. Eles organizam seu quarto no dormitório. Seus pais ajudam. Elas se dão bem. Durante a primeira semana, muitos pertences da Anna desaparecem. Ela não consegue encontrá-los em lugar nenhum. Beatriz também dá falta de alguns itens. Anna procura em todos os lugares. Ela procura nos achados e perdidos, onde encontra o computador desaparecido da Beatriz. Quando Beatriz não está no quarto, Anna olha em seu armário. Ela encontra todos os seus itens. A mãe da Beatriz liga. Ela diz a Anna que Beatriz é cleptomaníaca.

www.LearnLikeNatives.com

LISTA DE VOCABULÁRIO

Their	Suas
Her	Dela
Boxes	Caixas
Mine	Meu
Notepads	Blocos de notas
Pencils	Lápis
Pens	Canetas
Television	Televisão
Calendar	Calendário
His	Dele
Trash can	Lata de lixo

Brush	Escova
Mirror	Espelho
Lotion	Hidratante
Perfume	Perfume
Speaker	Caixa de som
Computer	Computador
Cell phone	Telefone celular
Stereo system	Aparelho de som
Makeup	Maquiagem
Lipstick	Batom
Notebook	Caderno
Video camera	Câmera de vídeo
Comb	Pente

www.LearnLikeNatives.com

My	Meu
Yours	Seu
Your	Seu
Scissors	Tesoura
Clothes	Roupas
Telephone	Telefone
Your	Sua

www.LearnLikeNatives.com

PERGUNTAS

1) Como Beatriz e Anna se conhecem?

    a) elas são amigas há muito tempo

    b) elas se conhecem em aula

    c) elas são colegas de quarto

    d) elas estudam na mesma escola

2) Qual destes itens não desapareceu?

    a) escova

    b) perfume

    c) caixa de som

    d) espelho

3) O que a mãe da Anna sugere?

    a) que Anna volte para casa

b) que Anna confronte Beatriz

c) que Anna compre uma escova nova

d) que Anna procure nos achados e perdidos

4) O que Anna encontra nos achados e perdidos?

a) sua escova

b) o computador da Beatriz

c) um moletom

d) seu perfume

5) O que aconteceu com as coisas de Anna?

a) Beatriz as pegou e as colocou no seu armário

b) Anna as perdeu

c) Anna as jogou fora

d) nada

www.LearnLikeNatives.com

RESPOSTAS

1) Como Beatriz e Anna se conhecem?

    c) elas são colegas de quarto

2) Qual destes itens não desapareceu?

    d) espelho

3) O que a mãe de Anna sugere?

    d) que Anna procure nos achados e perdidos

4) O que Anna encontra nos achados e perdidos?

    b) o computador da Beatriz

5) O que aconteceu com as coisas de Anna?

a) Beatriz as pegou e as colocou em seu armário

Translation of the Story

New Roommates

STORY

Today is move-in day at the university. First year students move **their** things into the dormitory.

Anna arrives to the university with her parents. **Her** car is loaded with **boxes**. Anna brings everything she needs for a year of school with her. They park outside of Anna's dormitory. The building is a big, brick building. It looks boring. Anna tries to think positive. This year will be great, she tells herself.

Her family begins to unload the car. Anna is very prepared. They take out boxes full of her things.

Her brother helps her take the boxes up to the room. The room is small. There are two beds. Anna will have a roommate.

The first box Anna opens has school supplies. She puts her **notepads**, **pencils** and **pens** on her desk. The room has no decoration, except for a **television** on the wall. Anna organizes her things in the room. She takes her **calendar** out to put on the wall.

"This isn't **mine**!" she says. It is a calendar of pretty women.

"This is **his**," Anna says, pointing at her brother.

"Oh, sorry," says her brother. Anna throws it in the **trash can**. The family laughs.

There is a knock on the door. They open the door. A blonde girl stands outside. She is with an older woman, her mother.

"Hello, I'm Beatriz," says the girl.

"I'm Anna," says Anna. "I guess we are roommates!"

"Where are you from?" asks Beatriz.

"Nearby, just an hour north," says Anna.

"Me too!" says Beatriz.

The girls shake hands and smile. Beatriz brings her own boxes. The families help their daughters unpack.

The first days of school are nice. Anna makes new friends. She and Beatriz get along great. Anna goes to her new classes. Everything is perfect. However, one thing is wrong. Some of Anna's belongings begin to disappear. First, she can't find her **brush**. Then, the next day, she looks in the **mirror**. She sees her **lotion** but her **perfume** is missing. When she arrives from class that evening, she puts on some music. There is no sound. Her **speaker** is gone!

She asks Beatriz. "Beatriz," she says. "Are you missing anything?"

"Yes!" says Beatriz. "My laptop **computer**. I am freaking out."

"Oh no!" says Anna. "I am missing a few things, too."

Anna is missing three things now. She calls her mother on her **cell phone**.

"Hi, mom," says Anna.

"Hi, honey," says her mom. "How is school?"

"Fine," says Anna. "But my belongings keep disappearing."

"What do you mean?" asks her mom. Anna tells her mom about the missing perfume, the missing speaker, and the missing brush.

"That is so strange," says her mom. "Did you take them somewhere?"

"No, mom," says Anna. "I never left the room. The rest of the **stereo system** is here. My **mp3 player,** too."

"Do you lock your door?" asks her mom.

"Yes, mom!" says Anna. "And it's just the perfume that is gone. I still have all the other **makeup**, **lipstick**, everything!"

"Do you think it could be Beatriz?" asks her mom.

"No way, she is missing stuff too," says Anna.

"Ok, go check the lost-and-found," says Anna's mom.

"Ok! Gotta go," says Anna.

Anna hangs up the phone. Her mom's idea is good. She goes downstairs to the dormitory office. She asks to see the lost-and-found box. The box is full. She looks through it. She finds **notebooks**, a **video camera**, and even a **comb**. But does not see her things. She looks more. She sees a laptop **computer**.

"Is that **yours**?" she asks, thinking of Beatriz. She pulls it out. It is. She takes the computer to give to Beatriz. At least she finds something.

She goes upstairs. She gives Beatriz the computer.

"Wow, Anna, it's **my** computer!" says Beatriz. "Thank you so much."

"You're welcome," says Anna. "So glad I found **your** computer."

"Me too," says Beatriz. "Did you find any of your things?"

"No," says Anna.

"Bummer," says Beatriz. The girls go to sleep.

The next day, Beatriz has class. Anna stays in the dorm room. She works on a project, using **scissors** to cut pictures to glue on a **folder**. She thinks about her missing items. Maybe she should look in the dorm room. She looks everywhere. Then she turns to Beatriz's closet. She opens it. She looks inside it.

"This is mine!" says Anna. She pulls out her brush. She is shocked. Why is her brush in Beatriz's closet? She looks closer. Under a stack of **clothes**, she feels something hard. She pulls it out. It is her bottle of perfume! When she looks closer, she finds her speaker, too.

"It was Beatriz the whole time," says Anna. The room **telephone** rings. Anna answers. It is Beatriz's mom.

"Hi, Anna," says Beatriz's mom. "How are you?"

"Fine," says Anna. "Beatriz isn't here."

"Can you tell her I called?" asks Beatriz's mom.

"Yes, but, can I talk to you about something?" asks Anna.

"Sure," says Beatriz's mom.

"Some of my things have gone missing," says Anna. "And I just found many of them in **your** daughter's closet."

"Oh, no," says Beatriz's mom. "I need to tell you something."

"What?" says Anna.

"Beatriz is a kleptomaniac," says her mom. "She takes things and then returns them exactly seven days later. She will return those items to you by tomorrow."

"What do I do?" asks Anna.

"Just wait for her to return them," says her mom.

"Okay," says Anna.

"Thank you for understanding," says Beatriz's mom.

CHAPTER 2
A Day in the Life / transition words

HISTÓRIA

Bey acorda em um quarto de hotel. Ela está cansada. Seu corpo está cansado, **mas** sua mente está ainda mais cansada. Ela se sente sozinha. Seus amigos e familiares não entendem o que é ser famosa. Ela ri. Eles querem ser famosos. Eles querem viver um dia da sua vida. As pessoas acham que as celebridades se divertem o dia todo. Elas acham que as celebridades conseguem tudo o que querem. **No entanto**, Bey sabe que isso não é verdade.

Por que as pessoas querem ser famosas? Bey pensa. Ela faz um café. A mídia mostra seu sucesso. As pessoas querem sucesso. Elas querem uma vida perfeita. **Como resultado**, elas tentam se tornar famosas. Ela sabe que a vida não é perfeita.

O relógio diz sete horas. Seu dia está cheio. **Portanto**, ela tem que acordar cedo. Algumas pessoas acham que as celebridades dormem até tarde. Ela tem muito o que fazer. Não há tempo para dormir até tarde. Ela ouve a campainha.

— Olá — diz Bey.

— Oi, Bey — dizem as três mulheres. Uma mulher é sua estilista. Outra é sua maquiadora. **Por último**, está a cabeleireira. Ela abre a porta. Elas entram. Elas começam a trabalhar.

— Qual camisa? — diz a estilista.

— Qual a cor de batom? — pergunta a maquiadora.

— Por que você dormiu com o cabelo desse jeito? — pergunta a cabeleireira.

O café de Bey está frio. Ela faz outro café. **Depois**, ela responde a todas as perguntas. Elas a ajudam. **Finalmente**, ela fica pronta.

Ela sai do hotel às 10 da manhã. Há muitas pessoas lá fora. Elas esperam por ela. Quando ela sai, elas gritam. Elas tiram fotos. Bey entra em um carro. O carro tem vidros escuros. Ninguém consegue vê-la. **Assim**, ela pode fazer o que quiser. Ela relaxa. Seu telefone toca.

— Alô? — ela diz.

— Bey, onde você está? — pergunta seu empresário.

— No carro — diz ela.

— Você está atrasada! — diz o empresário.

— Desculpe — disse Bey. Ela tem prática de dança, aula de voz e uma sessão de fotos. Um dia cheio. Seu gerente controla sua agenda. Ele diz a ela o que fazer. Ele diz a ela quando ir. Ela se sente presa. Ela deve trabalhar para continuar famosa. Ela não pode tirar férias.

O carro para. **Em primeiro lugar**, Bey tem uma sessão de fotos. É para uma revista. Uma menina coloca maquiagem em Bey. Ela é uma fã. Ela sorri.

— Como você está? — ela pergunta.

— Bem — diz Bey.

— Sou seu fã — diz ela.

— Obrigada — diz Bey.

— Eu também canto — diz a menina. Ela aplica o pó no rosto de Bey.

— Sério? — pergunta Bey. Ela está entediada.

— Sim. Eu quero ser famosa! — diz a menina.

— Ser famosa dá muito trabalho! — diz Bey.

— Eu não me importo! — diz a menina.

— O que você vai fazer hoje à noite? — pergunta Bey.

— Jantar com meu namorado, um passeio no parque, talvez visitar um museu — diz a menina.

— Tenho trabalho, um show — diz Bey. — **Na verdade**, tenho shows todas as noites. Não posso ir ao parque **porque** as pessoas me reconhecem. Elas não me deixam em paz.

— Ah — diz a menina. Ela termina a maquiagem.

— **Por exemplo**, não me lembro de visitar um museu — diz Bey. Ela está pronta. Ela tira fotos. Seu vestido é glamouroso. Ela parece bonita e feliz. Ela dá tchau e entra no carro.

Em segundo lugar, Bey tem prática de dança. Ela pratica em um estúdio de dança. Sua professora é profissional. Elas praticam para o show. O show desta noite é em um estádio em Nova York. Bey esquece a dança da sua canção mais famosa. Ela pratica durante duas horas. **Sem dúvida**, ela conhece a dança.

Em terceiro lugar, Bey tem aula de voz. Cantores famosos precisam de aulas. As aulas de voz lhes ajudam a cantar com facilidade. Isto é importante. **Afinal**, cantar em um show todas as noites é difícil.

Após da aula de voz, ela almoça. Sua assistente traz o almoço. Embora seja rápido, é saudável. Ela toma uma vitamina e come uma salada. Logo ela deve se preparar para o show.

Ela dá uma olhada em seu telefone. Bey tem outra assistente. Esta assistente cuida das redes sociais. Ela coloca fotos no Instagram e no Facebook. **Ao final**, Bey gosta de ver por si mesma. Sua nova foto tem 1.000.000 de curtidas. Nada mal, ela pensa. A foto também tem muitos comentários. Alguns são maldosos, **então** Bey desliga o telefone. Ela tenta ser positiva.

No carro, Bey liga para seus amigos. Ela conversa com sua mãe. Ela conversa no carro, **já que** não tem muito tempo. Ela está cansada. Está com dor de cabeça. Talvez ela possa cochilar. Ela olha para o telefone. É tarde demais para cochilar.

Enquanto Bey fica pronta, os fãs esperam. Eles fazem uma fila do lado de fora. Eles estão animados. Eles pagaram muito dinheiro pelos ingressos.

Agora sua garganta dói. Ela toma um chá quente. **Se** ela não conseguir cantar, os fãs vão ficar tristes. Ela olha para o telefone. Ela tem uma foto guardada para estes momentos. É uma carta.

— Querida Bey — diz a carta.

— Você é minha cantora favorita. Eu acho que você é incrível. Eu quero ser como você quando eu crescer. Com amor, Susy.— É de uma fã de sete anos de idade. Bey se lembra dela. Ela sorri. Há centenas de meninas como Susy no show. **Por essa razão**, ela se apresenta.

Por fim, o show termina.

Mais e mais fãs pedem autógrafo a Bey. Eles sorriem. Eles tiram fotos com seus telefones. Ela imagina suas vidas. Eles vão a festas. Eles encontram os amigos. Eles vão a restaurantes. **De qualquer forma**, eles têm liberdade. Ela tem inveja. **Apesar de** não serem famosos, eles têm uma vida melhor do que a dela.

Ela pensa na menina da maquiagem de hoje. Ela se pergunta: o que ela está fazendo agora? Bey acha que talvez vá desistir da carreira.

De repente, seu telefone faz um som.

É um lembrete para ir para a cama. Amanhã é outro dia cheio.

RESUMO

Bey é uma celebridade. Ela é uma cantora pop famosa. As pessoas têm inveja da sua vida. No entanto, ela não é fácil. Seu dia começa cedo. Suas três assistentes vêm para o hotel. Eles a aprontam.

Depois, ela tem um dia cheio. Ela vai a uma sessão de fotos. A menina da maquiagem quer ser famosa. Bey diz que não é tão bom assim. Bey pratica dança e canto. Então, ela se prepara para o show. Ela se sente doente. No entanto, ela se apresenta para seus muitos fãs. Ela tira fotos e dá autógrafos. Ela tem inveja da vida normal de seus fãs.

www.LearnLikeNatives.com

LISTA DE VOCABULÁRIO

But	Mas
As a result	Como resultado
However	No entanto
Therefore	Portanto
Lastly	Por último
Then	Depois
Finally	Finalmente
Therefore	Assim
First	Em primeiro lugar
In fact	Na verdade
Because	Porque

For example	Por exemplo
Second	Em segundo lugar
Without a doubt	Sem dúvida
After all	Afinal
Even though	Embora
Ultimately	Ao final
So	Então
Since	Já que
While	Enquanto
If	Se
For this reason	Por esta razão
Eventually.	Por fim
Either way	De qualquer forma

Despite	Apesar de
All of a sudden	De repente

www.LearnLikeNatives.com

PERGUNTAS

1) Qual pessoa não vai ao hotel de Bey?

    a) uma maquiadora

    b) uma estilista

    c) um fã

    d) uma cabeleireira

2) Por que o empresário de Bey liga para ela?

    a) para perguntar onde ela está

    b) para despedi-la

    c) para felicitá-la

    d) para perguntar como ela está

3) Qual é a profissão de Bey?

    a) dançarino

    b) estrela pop

c) apresentadora de um programa de entrevistas

d) fotógrafa

4) O que Bey faz para ajudá-la a cantar com facilidade?

a) ela toma chá

b) ela tem aulas de voz

c) ela reza

d) ela cruza os dedos

5) O que significa o som do telefone no final da história?

a) alguém está ligando

b) é hora de tomar um medicamento

c) uma notificação do Instagram

d) é hora de ir para a cama

www.LearnLikeNatives.com

RESPOSTAS

1) Qual pessoa não vai ao hotel de Bey?

　　c) um fã

2) Por que o empresário de Bey liga para ela?

　　a) para perguntar onde ela está

3) Qual é a profissão de Bey?

　　b) estrela pop

4) O que Bey faz para ajudá-la a cantar com facilidade?

　　b) ela tem aulas de voz

5) O que significa o som do telefone no final da história?

d) é hora de ir para a cama

www.LearnLikeNatives.com

Translation of the Story

A Day in the Life

STORY

Bey wakes up in a hotel room. She is tired. Her body is tired, **but** her mind is more tired. She feels alone. Her friends and family don't understand what it is like to be famous. She laughs. They want to be famous. They want to spend a day in her life. People think celebrities have fun all day. They think celebrities get anything they want. **However,** Bey knows this is not true.

Why do people want to be famous? Bey thinks. She makes a coffee. The media shows her as success. People want success. They want a perfect life. **As a result,** they try to become famous. She knows life is not perfect.

The clock says seven o'clock. Her day is busy. **Therefore**, she has to wake up early. Some people think celebrities sleep late. She has a lot to do. There is no time to sleep late. She hears the doorbell.

"Hello," says Bey.

"Hi, Bey," say the three women. One woman is her stylist. Another woman is her makeup artist. **Lastly**, the hairdresser enters. She opens the door. They go inside. They begin to work.

"Which shirt?" says the stylist.

"Which color of lipstick?" asks the makeup artist.

"Why did you sleep with your hair like that?" asks the hairdresser.

Bey's coffee is cold. She makes another coffee. **Then**, she answers all the questions. They help her. **Finally,** she is ready.

She leaves the hotel at 10 a.m. There are many people outside. They wait for her. When she goes out, they scream. They take pictures. Bey gets in a car. The car has dark windows. No one can see in. **Therefore,** she can do what she wants. She relaxes. Her phone rings.

"Hello?" she says.

"Bey, where are you?" asks her manager.

"In the car," she says.

"You're late!" says the manager.

"Sorry," said Bey. She has dance practice, voice lessons, and a photo shoot. A busy day. Her manager keeps her schedule. He tells her what to do. He tells her when to go. She feels stuck. She must work to stay famous. She can't take a vacation.

The car stops. **First**, Bey has a photo shoot. It is for a magazine. A girl puts makeup on Bey. She is a fan. She smiles.

"How are you?" she asks.

"Fine," says Bey.

"I am your fan," she says.

"Thank you," says Bey.

"I sing, too," the girl says. She powders Bey's face.

"Really?" asks Bey. She is bored.

"Yes. I want to be famous!" says the girl.

"Being famous is a lot of work!" says Bey.

"I don't care!" says the girl.

"What are you doing tonight?" asks Bey.

"Dinner with my boyfriend, a walk in the park, maybe visit a museum," says the girl.

"I have work, a concert," says Bey. "**In fact,** I have one every night. I can't go out to the park **because** people recognize me. They don't leave me alone."

"Oh," says the girl. She finishes the makeup.

"**For example**, I can't remember a visit to a museum," says Bey. She is finished. She takes her pictures. Her dress is glamorous. She looks beautiful and happy. She says goodbye and gets in the car.

Second, Bey has dance practice. She practices in a dance studio. Her teacher is professional. They practice for the concert. Tonight's concert is in a stadium in New York City. She forgets the dance for her most famous song. She practices for two hours. **Without a doubt**, she knows the dance.

Third, Bey has voice lessons. Famous singers need lessons. Voice lessons help them sing easily. This is important. **After all,** singing a concert every night is difficult.

After voice, she eats lunch. Her assistant brings it to her. Even though it is quick, it is healthy. She has a smoothie and a salad. Soon she must prepare for the concert.

She checks her phone. Bey has another assistant. This assistant does social media. She puts pictures on Instagram and Facebook. **Ultimately**, Bey likes to see for herself. Her new picture has 1,000,000 likes. Not bad, she thinks. It also has many comments. Some are mean, **so** Bey turns off her phone. She tries to be positive.

In the car, Bey calls her friends. She talks to her mother. She talks in the car **since** she doesn't have much time. She is tired. She has a headache. Maybe she can nap. She looks at her phone. It is too late to nap.

While Bey gets ready, fans wait. They make a line outside. They are excited. They paid a lot of money for the tickets.

Now her throat hurts. She drinks warm tea. **If** she can't sing, the fans will be sad. She looks at her phone. She has a picture saved for these moments. It is a letter.

"Dear Bey," it says.

"You are my favorite singer. I think you are amazing. I want to be just like you when I grow up. Love, Susy." It is from a 7-year-old fan. Bey remembers her. She smiles. There are hundreds of girls like Susy at the concert. **For this reason,** she performs.

Eventually, the concert ends.

More and more fans ask for Bey's autograph. They smile. They take pictures on their phone. She imagines their lives. They go to parties. They see friends. They go to restaurants. **Either way**, they have freedom. She is jealous. **Despite** not being famous, they have better lives.

She thinks of the makeup girl from today. She wonders, what is she doing now? Bey thinks maybe she will quit.

All of a sudden, her phone makes a sound.

It is a reminder to go to bed. Tomorrow is another busy day.

CHAPTER 3
The Camino Inspiration / Numbers + Family

Molly adora aventuras.

Ela é a pessoa mais corajosa de sua **família**, ainda mais corajosa do que seus dois **irmãos**. Ela vai acampar na floresta com sua família com frequência. Neste fim de semana, eles vão para as montanhas juntos. A lua brilha e os pássaros e animais estão em silêncio. Molly se senta com seus irmãos e sua **irmã** ao redor da fogueira, conversando e brincando. Eles veem um morcego voar sobre suas cabeças.

— Ewww — grita a irmã da Molly.

— Um morcego! — grita **um** dos irmãos da Molly.

Então, mais **três** morcegos voam sobre suas cabeças.

— Ahhh! Vamos buscar o **pai** e a **mãe**! — grita o outro irmão, João.

— É só um morcego — diz Molly.

Mais morcegos aparecem, até que há **oito** voando acima deles. A irmã e os irmãos de Molly se escondem em suas barracas, assustados. Molly não se mexe. Ela observa os morcegos circulando, agora **dezenove**, não, **vinte!**

www.LearnLikeNatives.com

— Oi, Molly — diz a **mãe** dela, chegando na fogueira atrás do **pai**.

— Uau, tem mesmo um monte de morcegos nesta floresta — diz o pai dela. — Você não está com medo?

A Molly fez que não com a cabeça e observou os morcegos desaparecendo no céu estrelado.

— Vamos jantar! — disse ela. Sua irmã e seus irmãos saem de suas barracas. A família come ao redor da fogueira. Eles adoram acampar juntos.

Molly tem vinte e dois anos. Ela acabou de se formar na faculdade, onde estudou engenharia. Ela não encontrou um emprego em um escritório, então trabalha em uma loja de artigos para acampamento. Ela economiza seu salário e fala sobre seu hobby preferido o dia inteiro: acampar.

Todos os sábados, Molly trabalha no **segundo** andar, onde ficam as barracas, as mochilas e os materiais de acampamento. Neste sábado, seu **primo** aparece na loja.

— Oi, Jim! — diz Molly, um sorriso feliz em seu rosto.

— Molly! Eu esqueci que você trabalha aqui — diz Jim, o **filho** de **trinta** anos da **tia** de Molly, Jane.

— Como estão a tia Jane e o **tio** Joe? — pergunta Molly.

— Eles estão bem. Neste fim de semana, estão visitando a **vovó** Gloria em sua casa — diz Jim. —

Estou aqui para comprar alguns artigos para uma viagem.

— Ah, claro! Eu posso ajudá-lo. O que tem na sua lista? — Molly pergunta.

Jim mostra a Molly um pedaço de papel com uma lista de **quinze** itens. Uma mochila leve, um fogão portátil, **quatro** pares de meias quentes, bastões para caminhada, um sabonete mágico do Dr. Bronner, um canivete e **dezoito** refeições desidratadas.

"Uau, parece uma viagem e tanto", pensa Molly.

— Me dê a mochila mais leve que você tiver — diz Jim. — Os mais leves de todos estes itens, na verdade. Eu tenho que manter minha mochila abaixo de **vinte e oito** libras.

— Por que você está comprando tudo isso? — pergunta Molly, andando com Jim até uma parede cheia de mochilas de todas as cores, grandes e pequenas.

— Vou fazer uma caminhada — diz Jim. — Por toda a Espanha.

Jim experimenta as diferentes mochilas. Ele escolhe a favorita de Molly, uma mochila vermelha com **sete** bolsos, quatro atrás e três dentro. A mochila é tão leve que mal pesa **duas libras e meia**. Ele usa— o em seus ombros como ele segue Molly para a seção de roupas.

— Chama-se o Caminho de Santiago — Jim diz a Molly. Seu primo lhe conta sobre a caminhada. É uma peregrinação à Catedral de Santiago de

Compostela, na Galícia. As pessoas dizem que São Tiago está enterrado na igreja.

Jim vai começar a caminhada no ponto de partida comum do Caminho Francês, em Saint-Jean-Pied-de-Port. De lá, são cerca de **quinhentas** milhas até Santiago. A peregrinação é popular desde a Idade Média. Criminosos e outras pessoas percorriam o caminho em troca de bênçãos. Hoje em dia, a maioria vai a pé. Algumas pessoas vão de bicicleta. Alguns peregrinos até vão a cavalo ou em burros. A peregrinação era religiosa, mas agora muitos fazem isso por lazer ou esporte.

— Preciso viajar — diz Jim. — Preciso de tempo para pensar e refletir. Caminhar quinhentas milhas pode ser uma experiência espiritual.

Molly ajuda Jim a encontrar uma jaqueta impermeável e um par de calças que se transformam em bermudas. Ele parece muito feliz com sua grande sacola de compras. Ele tem muito mais coisas nas mãos do que os outros clientes. Ele vai fazer uma viagem de verdade.

— São **trezentos e quarenta e sete** dólares e **sessenta e seis** centavos — diz Molly.

— Obrigado, Molly — diz Jim.

Molly começa a pensar. Ela mora em casa, com seus **pais**. Sua mãe é juíza no tribunal local, e seu pai é advogado. Eles raramente jantam em casa. Eles ficam no escritório até tarde. Os **irmãos** dela vivem com suas famílias em Seattle, a três horas de distância. Ela está sozinha, sem um emprego de verdade. Ela não tem ninguém para detê-la.

Serão as férias perfeitas. E talvez ela decida o que fazer com o resto de sua vida.

Por que não?

Naquele dia, Molly decide que fará o Caminho de Santiago. A partir de setembro, daqui a três meses. Sozinha.

RESUMO

Uma jovem chamada Molly ama a natureza. Ela e sua família acampam juntos com frequência. Ela trabalha em uma loja de artigos para acampamento enquanto procura um emprego após a faculdade. Seu primo Jim vai à loja para se preparar para uma viagem. Ele vai percorrer o Caminho de Santiago e precisa de equipamentos. Molly o ajuda a comprar uma mochila, sapatos e tudo mais que ele precisa. Ela decide percorrer o Caminho sozinha.

www.LearnLikeNatives.com

LISTA DE VOCABULÁRIO

Family	Família
Two	Dois
Brother	Irmão
Sister	Irmã
One	Um
Three	Três
Mom	Mãe
Dad	Pai
Eight	Oito
Nineteen	Dezenove
Twenty	Vinte

Mother	Mãe
Father	Pai
Twenty-two	Vinte e dois
Second	Segundo
Cousin	Primo
Thirty	Trinta
Son	Filho
Aunt	Tia
Uncle	Tio
Grandma	Vovó
Fifteen	Quinze
Four	Quatro
Eighteen	Dezoito

Twenty-eight	Vinte e oito
Seven	Sete
Two-and-a-half	Duas ____ e meia
Five hundred	Quinhentos
Three hundred	Trezentos
Forty-seven	Quarenta e sete
Sixty-six	Sessenta e seis
Parents	Pais
Siblings	Irmãos

www.LearnLikeNatives.com

PERGUNTAS

1) O que Molly estudou na universidade?

    a) cosmetologia

    b) literatura

    c) engenharia

    d) marketing

2) Quantos irmãos Molly tem?

    a) um

    b) dois

    c) três

    d) quatro

3) O que Jim é da Molly?

    a) irmão

b) primo

c) avô

d) pai

4) O que é o Caminho de Santiago?

    a) uma peregrinação

    b) uma cidade

    c) uma igreja

    d) um feriado

5) De onde é Molly?

    a) dos Estados Unidos

    b) da Inglaterra

    c) da Austrália

    d) da França

www.LearnLikeNatives.com

RESPOSTAS

1) O que Molly estudou na universidade?

    c) engenharia

2) Quantos irmãos Molly tem?

    c) três

3) O que Jim é da Molly?

    b) primo

4) O que é o Caminho de Santiago?

    a) uma peregrinação

5) De onde é Molly?

    a) dos Estados Unidos

www.LearnLikeNatives.com

Translation of the Story

The Camino Inspiration

Molly loves adventures.

She is the bravest member of her **family**, even braver than her **two brothers**. She often goes camping with her family in the woods. This weekend, they go to the mountain together. The moon shines and the birds and animals are quiet. Molly sits with her brothers and her **sister** by the fire, talking and playing. They see a bat fly over their heads.

"Ewww!" shouts Molly's sister.

"A bat!" yells **one** of Molly's brothers.

Then, **three** more bats fly over their heads.

"Ahhh! Let's get **mom** and **dad**!" shouts the other brother, John.

"It's only a bat," says Molly.

More bats arrive, until there are **eight** flying overhead. Molly's sister and brothers disappear into their tents, scared out of their wits. Molly does not move. She watches as the bats circled, now **nineteen**, no, **twenty**!

"Hi, Molly," says her **mother**, walking up behind her **father** to the campfire.

"Wow, there sure are a lot of bats around these woods," says her dad. "Aren't you scared?"

Molly shook her head no, and watched the bats fly off into the starry night sky.

"Let's eat dinner!" she said. Her brothers and sister come out of their tents. The family eats by the fire. They love to camp together.

Molly is **twenty-two**. She just graduated from college, where she studied engineering. She has not found a job in an office, so she works at her local outdoor store. She saves her paycheck and gets to talk about her favorite hobby all day: camping.

Every Saturday, Molly works on the **second** floor, with all of the tents, backpacks, and camping supplies. This Saturday, in walks her **cousin**.

"Hi, Jim!" says Molly, a happy smile on her face.

"Molly! I forgot you work here," says Jim, the **thirty**-year-old **son** of Molly's **aunt** Jane.

"How are Aunt Jane and **Uncle** Joe?" asks Molly.

"They're good. This weekend they are visiting **Grandma** Gloria at her house," says Jim. "I'm here to buy some outdoor goods for a trip."

"Oh, sure! I can help you. What is on your list?" Molly asks.

Jim shows Molly a piece of paper with a list of **fifteen** items. A light backpack, a portable stove, **four** pairs of warm socks, hiking poles, Dr. Bronner's magic soap, a pocket knife, and **eighteen** dehydrated trail meals.

Wow, this sounds like quite a trip, thinks Molly.

"Gimme the lightest backpack you have," says Jim. "The lightest everything, actually. I have to keep my pack under **twenty-eight** pounds."

"What are you buying all of this for?" asks Molly, walking with Jim over to a wall filled with backpacks of all colors, large and small.

"I'm going to hike," says Jim. "Across Spain."

Jim tries on the different backpacks. He chooses Molly's favorite, a red backpack with **seven** pockets, four on the back and three inside. The pack is so light, it hardly weighs **two-and-a-half** pounds. He wears it on his shoulders as he follows Molly to the clothing section.

"It's called the Camino de Santiago," Jim tells Molly. Her cousin tells her about the hike. It is a pilgrimage to the Cathedral of Santiago de Compostela in Galicia. People say that Saint James is buried in the church.

Uncle Jim will be walking the hike from the common starting point of the French Way, Saint-Jean-Pied-de-Port. From there, it is about **five hundred** miles to Santiago. The pilgrimage has been popular since the Middle Ages. Criminals and other people walked the way in exchange for blessings. Nowadays, most travel by foot. Some people travel by bicycle. A few pilgrims even travel on a horse or donkey. The pilgrimage was religious, but now many do it for travel or sport.

"I need to travel," says Jim. "I need time to think and reflect. Walking 500 miles can be very spiritual."

Molly helps Jim find a waterproof jacket and a pair of pants that can unzip to be shorts. He seems very happy with his large bag of things. He has much more in his hands than the other shoppers. He is going on a real trip.

"That will be **three hundred forty-seven** dollars and **sixty-six** cents," says Molly.

"Thanks, Molly," says Jim.

Molly begins to think. She lives at home with her **parents**. Her mother works as a judge in the local courthouse and her father is a lawyer. They are both rarely home for dinner. They stay busy at the office until late. Her **siblings** live with their families in Seattle, three hours away. She is alone, with no real job. She has no one to stop her.

It will be the perfect vacation. And maybe she will decide what to do with the rest of her life.

Why not?

That day, Mollly decides that she will do the Camino de Santiago. Starting in September, three months from now. Alone.

www.LearnLikeNatives.com

CONCLUSION

You did it!

You finished a whole book in a brand new language. That in and of itself is quite the accomplishment, isn't it?

Congratulate yourself on time well spent and a job well done. Now that you've finished the book, you have familiarized yourself with over 500 new vocabulary words, comprehended the heart of 3 short stories, and listened to loads of dialogue unfold, all without going anywhere!

Charlemagne said "To have another language is to possess a second soul." After immersing yourself in this book, you are broadening your horizons and opening a whole new path for yourself.

Have you thought about how much you know now that you did not know before? You've learned everything from how to greet and how to express your emotions to basics like colors and place words. You can tell time and ask question. All without opening a schoolbook. Instead, you've cruised through fun, interesting stories and possibly listened to them as well.

Perhaps before you weren't able to distinguish meaning when you listened to Brazilian Portuguese. If you used the audiobook, we bet you can now pick out meanings and words when you hear someone speaking. Regardless, we are sure you have taken an important step to being more fluent. You are well on your way!

Best of all, you have made the essential step of distinguishing in your mind the idea that most often hinders people studying a new language. By approaching Brazilian Portuguese through our short stories and dialogs, instead of formal lessons with just grammar and vocabulary, you are no longer in the 'learning' mindset. Your approach is much more similar to an osmosis, focused on speaking and using the language, which is the end goal, after all!

So, what's next?

This is just the first of five books, all packed full of short stories and dialogs, covering essential, everyday Brazilian Portuguese that will ensure you master the basics. You can find the rest of the books in the series, as well as a whole host of other resources, at LearnLikeNatives.com. Simply add the book to your library to take the next step in your language learning journey. If you are ever in need of new ideas or direction, refer to our 'Speak Like a Native' eBook, available to you for free at LearnLikeNatives.com, which clearly outlines practical steps you can take to continue learning any language you choose.

We also encourage you to get out into the real world and practice your Brazilian Portuguese. You have a leg up on most beginners, after all—instead of pure textbook learning, you have been absorbing the sound and soul of the language. Do not underestimate the foundation you have built reviewing the chapters of this book. Remember, no one feels 100% confident when they speak with a native speaker in another language.

One of the coolest things about being human is connecting with others. Communicating with someone in their own language is a wonderful gift. Knowing the language turns you into a local and opens up your world. You will see the reward of learning languages for many years to come, so keep that practice up!. Don't let your fears stop you from taking the chance to use your Brazilian Portuguese. Just give it a try, and remember that you will make mistakes. However, these mistakes will teach you so much, so view every single one as a small victory! Learning is growth.

Don't let the quest for learning end here! There is so much you can do to continue the learning process in an organic way, like you did with this book. Add another book from Learn Like a Native to your library. Listen to Brazilian Portuguese talk radio. Watch some of the great Brazilian Movies. Put on the latest CD from Tom Jobim. Take Samba lessons in Portuguese. Whatever you do, don't stop because every little step you take counts towards learning a new language, culture, and way of communicating.

www.LearnLikeNatives.com

www.LearnLikeNatives.com

www.LearnLikeNatives.com

Learn Like a Native is a revolutionary **language education brand** that is taking the linguistic world by storm. Forget boring grammar books that never get you anywhere, Learn Like a Native teaches you languages in a fast and fun way that actually works!

As an international, multichannel, language learning platform, we provide **books, audio guides and eBooks** so that you can acquire the knowledge you need, swiftly and easily.

Our **subject-based learning**, structured around real-world scenarios, builds your conversational muscle and ensures you learn the content most relevant to your requirements.
Discover our tools at ***LearnLikeNatives.com***.

When it comes to learning languages, we've got you covered!

www.ingramcontent.com/pod-product-compliance
Lightning Source LLC
Chambersburg PA
CBHW071745080526
44588CB00013B/2157